Being a Superhero
Ein Superheld sein

Liz Shmuilov

Illustrated by Mary K. Biswas

www.kidkiddos.com

Copyright ©2019 by KidKiddos Books Ltd.

support@kidkiddos.com

All rights reserved. No part of this book may be reproduced in any form or by any electronic or mechanical means, including information storage and retrieval systems, without written permission from the publisher, except in the case of a reviewer, who may quote brief passages embodied in critical articles or in a review.

Alle Rechte vorbehalten. Kein Teil dieses Buches darf in irgendeiner Form oder durch irgendwelche elektronischen oder mechanischen Mittel, einschließlich durch Datenspeicherung oder Datenabfragesysteme, ohne schriftliche Genehmigung des Verlags oder des Autors reproduziert werden, mit Ausnahme von Rezensenten, welche eine kurze Passage aus dem Text in Kritiken oder Buchbesprechungen zitieren mögen.

First edition, 2019

Translated from English by Tess Parthum
Aus dem Englischen übersetzt von Tess Parthum
German editing by Veronika Strauss
Deutsche Überarbeitung von Veronika Strauß

Library and Archives Canada Cataloguing in Publication
Being a Superhero (English German Bilingual Edition)/ Liz Shmuilov
ISBN: 978-1-5259-1523-9 paperback
ISBN: 978-1-5259-1524-6 hardcover
ISBN: 978-1-5259-1522-2 eBook

Please note that the German and English versions of the story have been written to be as close as possible. However, in some cases they differ in order to accommodate nuances and fluidity of each language.

Hi friends! My name is Maya. I am a lizard. I want to tell you a story about my best friend Ron the frog, who became a superhero.

Hallo Freunde! Mein Name ist Maya. Ich bin eine Eidechse. Ich möchte euch eine Geschichte über meinen besten Freund, Ron den Frosch, erzählen, der ein Superheld wurde.

One summer day, I was at Ron's house watching our favorite superhero show.

Eines Sommertages war ich bei Ron zuhause und wir schauten unsere liebste Superheldenserie.

"You know," Ron said suddenly, "it would be cool to be a superhero. Then we would be able to help others!"

„Weißt du", sagte Ron plötzlich, „es wäre cool, ein Superheld zu sein. Dann könnten wir anderen helfen!"

"That's a great idea!" I replied, millions of thoughts racing through my mind. "I could be your coach and teach you all the things a superhero needs to know!"

„Das ist eine tolle Idee!", antwortete ich, während Millionen von Gedanken durch meinen Kopf rasten. „Ich könnte dein Trainer sein und dir alles beibringen, was ein Superheld wissen muss!"

As he heard this, a look of hope appeared on Ron's face.

Als er das hörte, erschien ein hoffnungsvoller Blick auf Rons Gesicht.

"But every superhero needs a superpower," he said quietly.

„Aber jeder Superheld braucht eine Superkraft", sagte er leise.

I thought for a moment. "Your superpower can be your talent in long jumps! Oh, and your sticky hands!"

Ich dachte einen Moment nach. „Deine Superkraft kann dein Talent für weite Sprünge sein! Oh, und deine klebrigen Hände!"

"Yes!" Ron jumped with excitement.

„Ja!" Ron hüpfte vor Aufregung.

"Now we need a costume. Something everyone will recognize," I said.

„Jetzt brauchen wir ein Kostüm. Etwas, das jeder wiedererkennen wird", sagte ich.

Ron ran to his room and brought out a red shirt. "We can color a big star on this shirt!"

Ron rannte auf sein Zimmer und holte ein rotes Shirt hervor. „Wir können einen großen Stern auf dieses Shirt malen!"

"Great idea!" I smiled. "How about a cape?"

„Tolle Idee!" Ich lächelte. „Wie wäre es mit einem Umhang?"

"We can use my favorite blanket!" exclaimed Ron. His eyes sparkled.

„Wir können meine Lieblingsdecke benutzen!", rief Ron aus. Seine Augen leuchteten.

We got straight to work, drawing and painting on Ron's shirt.

Wir machten uns direkt an die Arbeit und zeichneten und malten auf Rons Shirt.

"It looks amazing! You will look like a real superhero!" I said when we finished.

„Es sieht fantastisch aus! Du wirst wie ein echter Superheld aussehen!", sagte ich, als wir fertig waren.

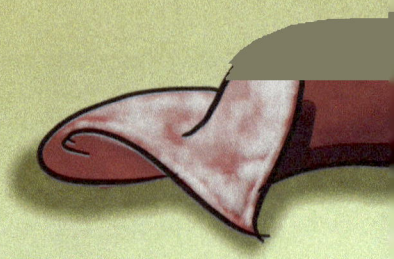

The next morning, we met at the park and started practicing.

Am nächsten Morgen trafen wir uns im Park und fingen an zu üben.

"Today, I will teach you a few important things every superhero needs to know: The Three Superhero Rules."

„Heute werde ich dir ein paar wichtige Dinge beibringen, die jeder Superheld wissen muss: Die drei Superheldenregeln."

We sat down on the bench and I explained the rules to Ron.

Wir setzten uns auf die Bank und ich erklärte Ron die Regeln.

"Rule number one: never give up, no matter how difficult the situation gets."

„Regel Nummer eins: Gib niemals auf, egal, wie schwierig die Situation wird."

"Rule number two: learn from your mistakes, so that you can do better next time."

„Regel Nummer zwei: Lerne aus deinen Fehlern, damit du es beim nächsten Mal besser machen kannst."

"Rule number three: always remember that you can do anything!"

„Regel Nummer drei: Denke immer daran, dass du alles schaffen kannst!"

We worked on memorizing the rules and then headed back to my house.

Wir lernten die Regeln auswendig, und gingen dann zurück zu mir nach Hause.

When we got home, we met my little brother Danny. He looked upset.

Als wir nach Hause kamen, trafen wir meinen kleinen Bruder Danny. Er sah aufgebracht aus.

"I can't find my favorite toy!" he cried loudly.

„Ich kann mein Lieblingsspielzeug nicht finden!", weinte er laut.

I glanced at Ron and whispered, "This seems like a mission for a Superhero!"

Ich blickte Ron an und flüsterte: „Das scheint eine Mission für einen Superhelden zu sein!"

Ron smiled and nodded. "What does the toy look like?" he asked.

Ron lächelte und nickte. „Wie sieht das Spielzeug aus?", fragte er.

"It's my stuffed toy, the lion, from the superhero TV show," explained Danny. "It's big and soft."

„Es ist mein Stofftier, der Löwe, aus der Superheldenserie", erklärte Danny. „Er ist groß und weich."

"Don't worry. We will find it," Ron assured him, and we began our first mission.

„Keine Sorge. Wir werden ihn finden", versicherte ihm Ron, und wir begannen unsere erste Mission.

We looked everywhere—in closets, beside cupboards, behind tables and under chairs. The toy was nowhere to be found.

Wir suchten überall – in Kleiderschränken, neben Geschirrschränken, hinter Tischen und unter Stühlen. Das Spielzeug war nirgendwo zu finden.

"You two should go look in the backyard, and I'll keep searching here," Ron suggested.

„Ihr beide solltet im Garten nachsehen gehen und ich werde hier weitersuchen", schlug Ron vor.

Just as Danny and I stepped outside, we heard Ron's voice. "I found it! I found it!"

Gerade als Danny und ich nach draußen traten, hörten wir Rons Stimme. „Ich habe es gefunden! Ich habe es gefunden!"

We ran to him and looked down at the small object in his hand.

Wir liefen zu ihm und schauten auf das kleine Ding in seiner Hand.

"That's not the lion I was talking about," Danny frowned. "My toy is big and soft, but this one is small and wooden."

„Das ist nicht der Löwe, von dem ich gesprochen habe", meinte Danny stirnrunzelnd. „Mein Spielzeug ist groß und weich, aber dieses ist klein und aus Holz."

Ron's face fell at first, but a look of determination quickly replaced the disappointment.

Erst sah Ron traurig aus, aber ein entschlossener Blick folgte schnell auf die Enttäuschung.

"No worries," he said. "Superhero rule number one: Never give up!"

„Keine Sorge", sagte er. „Superheldenregel Nummer eins: Gib niemals auf!"

"Rule number two," I added, "Learn from your mistakes. We are looking for a BIG, SOFT, stuffed toy."

„Regel Nummer zwei:", fügte ich hinzu, „Lerne aus deinen Fehlern! Wir suchen nach einem GROSSEN, WEICHEN Kuscheltier."

"Soft and big. Got it!" Ron replied.

„Weich und groß. Verstanden!", antwortete Ron.

"And rule number three," I said. "Who can do anything?"

„Und Regel Nummer drei:", sagte ich. „Wer kann alles schaffen?"

"I'm a Superhero and I can do anything!" yelled Ron enthusiastically.

„Ich bin ein Superheld und ich kann alles schaffen!", schrie Ron begeistert.

"We have to think like superheroes," he continued. "If the toy is not in the house, it must be somewhere outside. It's not like it can fly away!"

„Wir müssen wie Superhelden denken", fuhr er fort. „Wenn das Spielzeug nicht im Haus ist, muss es irgendwo draußen sein. Es ist ja nicht so, dass es davonfliegen kann!"

Ron giggled and looked up to the sky, but suddenly froze.

Ron kicherte und blickte in den Himmel, aber plötzlich erstarrte er.

"What are you staring at?" I wondered, looking up also.

„Wo starrst du hin?", fragte ich mich und sah auch nach oben.

Ron pointed to the top of our big apple tree.

Ron zeigte zur Krone unseres großen Apfelbaums.

"Is that...?" I began to mumble.

„Ist das etwa...?", fing ich an zu murmeln.

"My toy! You found it, Ron!" Danny exclaimed.
„Mein Spielzeug! Du hast es gefunden, Ron!", rief Danny aus.

"But how will we get it from the tree?" he added quietly.
„Aber wie sollen wir es vom Baum runter bekommen?", fügte er leise hinzu.

"Ron can get it easily," I said. "He can use his powers — his sticky hands and super long jumps."
„Ron kann es leicht holen", sagte ich. „Er kann seine Kräfte nutzen – seine klebrigen Hände und seine superlangen Sprünge."

Ron took a deep breath and began climbing the tree, jumping from branch to branch.

Ron atmete tief durch und begann auf den Baum zu klettern und von Ast zu Ast zu springen.

He reached the toy and very soon, got down and handed it to my brother.

Er erreichte das Spielzeug und stieg kurz darauf hinunter und gab es meinem Bruder.

"You're my hero!" Danny laughed and gave Ron a big hug.

„Du bist mein Held!", lachte Danny und umarmte Ron fest.

"Actually, Maya is the real hero," Ron corrected him. "She taught me everything I know!"

„Eigentlich ist Maya die wahre Heldin", korrigierte ihn Ron. „Sie hat mir alles beigebracht, was ich weiß!"

That day we learned that even if we're not the superheroes from the movies, we're smart and strong and can do anything we want!

An diesem Tag lernten wir, dass wir klug und stark sind und alles schaffen können, was wir wollen, auch wenn wir nicht die Superhelden aus den Filmen sind!

And remember, you are a Superhero too!

Und denk immer daran, du bist auch ein Superheld!

www.ingramcontent.com/pod-product-compliance
Lightning Source LLC
Chambersburg PA
CBHW061132070526
44584CB00033B/4304